슬픈 포장마차

김선보 시집

도서출판 청옥문학사

시인의 말

청옥문학에 등단 한 후 처음으로 출간하는 시집입니다
이런 날이 올 줄은 감히 생각도 하지 못했습니다.
어려운 시기에도 불문하고 경제적 도움을 준
친구에게 감사하고 여러분들의 격려와 도움으로
조금씩 공부하면서 시를 알아왔습니다.
지금도 다 안다고 말씀 드릴 수 없습니다.
졸작 너그럽게 이해 해 주시리라 생각합니다.
지금껏 살아오면서 이런 기쁜 날이 얼마나 되는지
손으로 꼽고도 남음이 있는 것 같습니다.
청옥문학 관계자 여러분께 감사드리며
더욱더 분발하겠습니다.
지금의 제가 있기까지는 하나있는 아들과 가족들의
사랑이 있기에 가능했습니다.
감사합니다.

저자 김 선 보 올림

●● 목 차

제 1 부

4월이 오면

4월이 오면 – 11
고결高潔한 당신 – 12
가을은 내 마음 – 14
가을이 오면 – 15
가을 속으로 – 16
계절은 내 가슴에 – 17
고독한 사람들 – 18
고통 – 19
구름 꽃 – 20
그리움 – 21
꽃이 되라 한다면 – 22
꿈 – 23
꿈꾸는 의자 – 24
나 여기서 – 25
나이 – 26
낙엽 같은 삶 – 27
내게는 피지 않는 꽃 – 28
내 가슴속에 – 29
노인의 인생 – 30
눈꽃이 지는 날 – 31
눈 내리는 날 – 32

제 2 부

달 아래 달이 흐르고

달 아래 달이 흐르고 - 35
당신은 우리의 아름다운 북극성 입니다 - 36
돌이킬 수 있다면 용서받지 않을 삶을 살 수 있을까 - 38
때로는 굼벵이가 부러워 - 39
떠나가 버린 친구 - 40
떠남 - 41
로맨스그레이 - 42
마음이 가는 대로 - 43
만월 - 44
바다 - 45
바다는 말없이 말한다 - 46
바람꽃 - 47
바람이 되어 - 48
반딧불이 - 49
밤낚시 - 50
백합꽃 - 51
벗집* - 52
별빛 - 53
보름달 - 54
봄날 - 55
봄비 - 56
붓꽃 - 57
비 오는 날 - 58

제 3 부

사랑을 묻다

사랑 - 61

사랑과 죽음 - 62

사랑보다 절망이 - 63

사랑은 어디에서 - 64

사랑을 묻다 - 65

사랑은 장미 가시 사이로 보이는 이슬 머금은 꽃입니다 - 66

산, 위대한 유산 - 68

산다는 것 - 69

삶의 여정 - 70

생명의 들판 - 71

생의 철길 - 72

세월 - 73

세월은 바람 따라 - 74

슬픈 포장마차 - 75

제 4 부

아름답다는 말

아름답다는 말 - 79

아픔 - 80

약속된 계절 - 81

어느 노부부의 사랑 - 82

어느 봄날 - 83

어떤 생각으로 사니 - 84

오솔길 - 85

외로운 꽃 - 86

욕망 - 87

유년의 그리움 - 88

유년의 소리 - 89

이별 - 90

이유 - 91

인연 - 92

일몰 - 93

일상 속으로 - 94

제 5 부

혼자 서있는 나무

자연의 품속 - 97
잠시 - 98
적막 - 99
잠자는 나무 - 100
절망이 찾아올 때 - 101
종달새 - 102
지금, 놓아 주리 - 103
지워지지 않는 것 - 104
지평선 - 105
진실 - 106
철없던 시절 - 107
친구에게 - 108
친구의 부인 - 109
풍란風蘭 - 110
할머니와 꽃 - 111
해풍 - 112
향기 - 113
홀로서 있는 나무 - 114
홀로 피는 꽃은 없다 - 115
흐르는 세월 - 116
흙 내음 - 117
파도의 약속 - 118
시평 - 119

제 1 부

4월이 오면

4월이 오면

내게 사월은 말이 없다
언제나처럼 무심히
연초록은 그냥 그대로 남아
가을을 기다려 준다면

이렇게 아프지 않을 것을
잎새도 나기 전에 먼저 피는 꽃처럼
아물기도 전에 되돌아선 시절에
아파한들 지나가는 바람 같은 것

사월은 눈부시게 아름다운 계절의
슬픈 눈동자다
그 속으로
내 몸은
열꽃을 피운다.

고결高潔한 당신

임의 아취雅趣가 유현幽玄하여
천착穿鑿한들 제 어찌
지중至重하고 숙연肅然한
임의 심수心髓에 들 수 있겠습니까
임의 노정路程 또한
무상無想으로 살아온바
진정眞情으로 존경尊敬하고
경탄驚歎하지 않을 수 없습니다
만유萬有의 실상實相을
관조觀照하고 풍송諷誦하며
고고孤高하게 사시는 임을
할은단정割恩斷情으로
한생을 애련愛戀에 살며 멀리서나마
훔쳐 살겠습니다
사모思慕합니다.

아취: 아담한 정취 또는 취미
유현: 아취가 헤아리기 어려울 만큼 깊고 오묘함
천착: 학문을 깊이 연구함
지중: 지극히 귀중하다
숙연: 고요하고 엄숙하다
노정: 거쳐지나 가는 길이나 일정
무상: 모든 집착을 떠나 초연함
만유: 우주에 존재하는 모든 것
경탄: 존경하여 감탄함
관조: 지혜로서 사물의 실상을 봄
할은단정: 애틋한 사랑을 끊음
풍송: 글을 읽고 시를 읊음
애련: 사랑하여 그리워함

가을은 내 마음

넉넉한 가을걷이 끝난 들녘
코스모스 잠자리 부르고
높은 가을 하늘은
상상의 노트다

계절이 세월을 앗아갈 때
봄의 푸르름
여름의 녹음
겨울의 눈 덮인 세상
이 모든 것이 아쉬울 뿐

문뜩 그 얼굴 떠올라
그해 가을은
많이 힘들고 아파했다
지금
싱그러움 가득한 코스모스
오늘따라 내 마음 닮아
환한 얼굴로
사랑이 넘쳐난다.

가을이 오면

가을이 오면
낡고 오래된
간이역이 있는 곳으로
가렵니다

지금도
바람에 하늘거리는 색색의
코스모스는 변함없는 자태로
우리의 이야기를
기억하고 있는지

그날
끝내 못다 한 얘기를 남기고
그녀는 떠나야 했습니다
한 사람의 눈물을 남긴 체…….

가을 속으로

가을
생생한 화폭 속에
있는 듯 없는 듯 보일 듯 말 듯
내가 있다

무덥던 여름도
놓기 싫은 무언가가 있는 듯
유난히도 지치게 만들었을까
어느 누군들 가을 하늘 석양을 보며
아름답다 하지 않을까
누군가와 함께 한다면 기쁨이 배가 될 것이다

계절이 가져다준 길을 따라
걷다보면 세상에 홀로 남아 있는 듯
고독이 밀려온다
한쪽 가슴에 재워두었던 감정들이
낙엽 따라 한잎 두잎 떨어진다.

계절은 내 가슴에

사람들은 말합니다
봄이 왔다고
그러나 내 가슴 깊숙한 곳에
언제나 사계절의 아름다움이 자리 잡고 앉아
마음먹은 대로 세상 밖으로 나옵니다
때론 눈이 내리고 때론 낙엽이 바람에 흩어집니다

어떤 땐 아픈 기억이 한 그루 나무가 되어
주렁주렁 열매를 맺기도 하고
잠 못 드는 밤에
새들이 날아와 밤새 친구가 되기도 합니다
아마도 나는 계절을 잊고 사는가봅니다.

고독한 사람들

고독은
고독한 사람끼리 만나야
고독을 잊을 수 있다 한다

생이 가혹하여 자신에게 찾아온
지독한 고독은 아파한들
가슴 깊이 남아 또 다른
고독을 남긴다

고통도 즐거움도 인고 살거늘
고독을 상상과 추억과 공상으로
허물어 버리면 자연스럽게
사라지지 않을까.

고통

아픔을
매미 허물 벗듯이 벗어버리고
마른 가슴으로 꽃을 피운다

조용히 내리는 봄비는
상흔을 지우며 물안개 피워 올린다

꽃잎이 하나 둘 떨어지는 날
고통이 메아리로 남아 산을 휘감는다.

구름 꽃

가슴속 예리한 칼날로도
끊을 수 없는 마음
달에 다다르지 못해 호수에 배 띄워
아른거리는 달그림자

어깨 위로 쏟아져 내리는
청정하고 밝은
만월의 별들은
땅으로 내려앉고

하늘은 큰 구름 꽃을 만들어
비로 뿌려져 어느 소리도 비할 수 없는
해조음海潮音으로 번뇌의 뜨거운
가슴을 적셔준다.

그리움

보이지만 만질 수 없는
무지개 같은 것
어디에 있는지 모르지만
늘 함께 숨 쉬는 것

때로는 그리움이
싫증나도록 그리울 때
남몰래 흘린 눈물 꺼내
편지로 부치는 것

차라리 내가 그리움이
되어 바람같이 떠돌다
바람결에 영원히 잠자는 것.

꽃이 되라 한다면

화려한 꽃이 아니라면
이름 없는 들꽃으로 피어나
화려함을 받쳐주는 안개꽃 같은
존재이고 싶다

화려함도 죄인 양 숨죽여 피었다가
언젠가는 나를 받쳐주는
안개꽃 같은 존재를 거느리고 싶다.

꿈

내 삶의 언저리에
가만히 품고 있는 작은 별 하나
밤마다 보내주는 꿈
이제 사실을 알았지

지금은 사라져 없어도
내게 보내는 별빛은
아직도 살아있다는 것을
먼 훗날 쓰러진 별빛이 되어도

또 다른 별이 새로운 빛이 되어 준다면
꿈은
영원하고
희망이고
열정이라는 사실을…….

꿈꾸는 의자

병동 밖
사계절을 볼 수 있는 작은 공원이 있다
공원 한켠에 꿈꾸는 의자가 있다
희망을 가진 의자는 꿈을 꾸게 한다
누구나 앉을 수 있고 앉고 싶은 의자

거기는
초원을 달리는 말이 있고
대양을 가르는 고래가 있으며
세상을 누비는 튼튼한 다리도 있다
모두들 이제 훌훌 털고 일어나
꿈을 이루기 위해
세상 속으로 나가자.

나 여기서

어느 날 나에게 갑자기
찾아온 혼란의 시간
눈이 멀고 귀는 닫히고
몸은 깊은 수렁 속에 빠져들고
여기서의 삶은 슬픔과 아픔이다
한 공간에서 그들만의 생각으로
힘겨운 하루하루를 산다

깊고도 깊은 한을 안고
희망을 갈구하며 나름의 생각을 갖고
낮은 곳을 보며 감사의 세월을 보낸다
언젠가는 그 아픔이 과거가 되어
새 삶을 살 때 눈에 보이는
모든 사물은 나를 위해 존재하듯

아름답고
기쁨이 나의 것인 양
베풀 수 있는 모든 이에게
꿈과 희망을
나누어 주는 즐거운 바보가 되고 싶다.

나이

가끔 자연의 법칙이 야속하다
누구든 젊음을 유지 하고자 한다

자기만족에 불과할 뿐
평소 어떤 마음으로 사느냐에 따라
표정이 달라 보이며 그 사람에게서
깊이 있는 느낌이 풍겨난다

깊은 계곡 맑은 물소리 새소리를
듣는 듯 살다보면 자연스레
자신을 사랑하게 되며 얼굴에는
나이가 없어진다.

낙엽 같은 삶

새싹에서 초록으로
행복한 삶을 살다
낙엽이 되어 하나둘 떨어져

뭇사람들에
밟혀 조각되어 무너진다면
어디서 아픈 가슴을 달래나
새싹이 필 때까지

순리대로 그렇게 살다보면
세상은 행복하게 살짝 웃으며
한쪽 어깨에 살포시 기대어 오겠지.

내게는 피지 않는 꽃

잊어 본적이 없었습니다
어느 날 그대 앞에 섰습니다
그대 앞의 나는 이방인 이었습니다
눈길은커녕 어찌 한마디 말도 없이
발길을 돌리게 하십니까?
내게 잘못이 있다면 변명이라도
할 기회를 주어야지요
그대 주위는 화려한 꽃들이 피고 있는데
내게는 꽃을 피우지 않는 나무처럼
너무도 초라한 내 모습에 쓸쓸히
발길을 돌리고 말았습니다.

내 가슴속에

꽃이 핀 길을 따라가면
새소리가 있고
물소리 들리는 계곡 따라가면
버들강아지 진달래 있어
살짝 지나는 바람에 몸을 맡긴다

저 멀리 펼쳐진 산과 들녘은
가슴속 응어리
잠시나마 잊게 한다

그대여 새소리 물소리 따라 걸어보세
세상사 잊어버리고 무상으로
그대로 말없이 말없이…….

노인의 인생

그 시절 고생 안 한 사람이 있냐고
지금은 쉽게 얘기하지만
홀로 눈물을 삼켰다

글을 몰랐던 것이 한이 되어
자식들은 반듯이 키웠지만
설 자리가 없어 시골이 편타고
손꼽아 손자 손녀 기다린다

쓸쓸히
오늘 하루도
먼저 가신
영감님 얼굴이 아른거린다.

눈꽃이 지는 날

소리 없이 내리는
순백의 눈
온갖 나무에 함박
꽃을 피운다

살짝 부는 바람에
눈꽃이 흩어지는 모습에
어릴적 작은 행복이 아직도
내게 전해진다

눈꽃이 슬그머니 스러질 때
내 가슴속 작은 불씨도 사그라진다
작은 행복이
언제까지 기억 속에
남아있을까?

눈 내리는 날

눈이 내리는 날은 커피 향이 그립다
그대를 위해 한 잔의
커피를 들고 테라스로 나간다

지나온 길은 조금씩 지워지는데
커피 향은 아직 그대로다
지금 내리는 눈은 온 세상을 하얗게
모래시계의 시간을 지우며
하염없이 내리는데

돌아올 길이 없다는 것을 알면서도
모래시계를 몇 번이고
뒤집어본다.

제 2 부

달 아래 달이 흐르고

달 아래 달이 흐르고

달은 구름 따라
하늘에서만 흐르는 것이 아니네
한밤 가득
마음 따라 바람 따라 흐르네

인적 없는 호수에 반짝이는
별빛 사이로 외로이 흐르고

누군가의
소원 담은
돌탑 사이로도 지나고
한적한 동네 싸리 담장
삽살개 짖는 사이로도 흐르네

잠 못 드는 이의 서성이는 발길에도
달 아래 달이 흐르네.

당신은 우리의 아름다운 북극성입니다

한여름 뙤약볕이 내리쬐는 시골 길
목이 긴 장화에는 흙이 덕지덕지 하고
한 손에는 호미를 들고
힘없이 축 처진 어깨로 앞서 걸어가시는 분은 분명
어머니였습니다

당신께서는 무엇을 위해
일과 생을 바꾸셨습니까?

한 번도 잡아드리지 못한 소나무 껍질 같은 손으로
제 손을 꼭 잡으시고 말라버린 눈물을 흘리시며
네가 이렇게 아파 누워있는 줄도 모르고
말문을 잇지 못하셨습니다

저는 속으로 속으로 회한의
눈물을 쏟아냈습니다

이제는 잡아드리고 싶어도
잡아드릴 수 없는 손이 되었습니다
한 번도 큰 소리로 나무람이 없이
속 깊은 사랑으로 대하셨습니다

가시는 그 날까지 마음고생만 시켜드려
다시 뵙는 날 무슨 말로 가슴에 맺힌
응어리를 풀어 드리겠습니까
그리울 때는 하염없는 눈물과
회한만이 남습니다
당신께서는 밤하늘의
아름다운 북극성으로 항상 마음의
길잡이로 남아계십니다

매일 밤마다
그립습니다
보고 싶습니다
나의 어머니.

돌이킬 수 있다면
용서받지 않을 삶을 살 수 있을까

무모하고 어리석은 선택이 그때는 모든 것이었다
함께해야 할 시작은 지독한 외로움만 남겨두고
맑디맑은 눈으로 보아야할 세상에
수정 같은 눈물을 먼저 흘리게 하였다

있어야할 존재가 없기에
그 상실감이 더 크다는 사실을
비로소 알게 됨은 다행이었다

세월은 과거를 무디게 하고 잊게 하지만
가슴속의 멍은 영원히 아픔으로 남는다

지울 수 없는 슬픔은 이미 정해진 눈물일까
그렇게 떠나간 후에도 똑같은 생이 기다리고 있었다
약속이나 했듯이 또 하나의 짐이 주어졌다
돌이킬 수 있다면 운명의 신은 또다시
잘못된 선택을 하게 할까.

때로는 굼벵이가 부러워

척수는 사지를 묶어 버리고
시간은 정신을 서서히 잠식하며
허공을 유영하는 꿈은 베개를 적시고
다시
죽음 같은 깊은 잠
문득 보이는 유년의 모습이 참으로 평화로워 보인다

그것도 잠시 목마름에 눈을 뜨고
심장 박동은 귀를 울리고
서서히 다가오는 운명은
폭풍우 치는 거센 파도를
온몸으로 받아들이는 갯바위같이
인고의 세월로 남겨져야할 나약한 존재로 만들었다

운명은 숙명으로 남기고 사라져도
목소리로 눈으로 인간의 빛을 남기고 싶어서
눈물방울 떨어지듯 수액은 혈관을 타고 돌며
시린 가슴을 데운다
어느 순간 아무것도 느끼고 만질 수 없는
나무토막 같은 몸뚱어릴 남기고 사라졌다
의식은 명징明徵하기에 그 비참함은 이미 상흔으로 남았다.

떠나가 버린 친구

무엇이 힘들어 한마디 말도 없이
너를 놓아버렸니 사랑하는 친구여
저 산에 지저귀는 새들도
말 없는 나무도 싫다하지 않았거늘
무엇이 그리도 괴롭더란 말이냐
싫은 소리 한 번 해본 적 없는
마음 착한 자네는 내 가슴에 영원히
지워지지 않을 크나큰 멍을 남겼네

사랑하는 친구여
무엇이 부담스러워 천금 같이 남은
시간 놓아버렸는가
자식이 눈에 밟히지도 않던가
이 사람아
언제가 될지 모르지만 후일 만나서
한잔하세나 걱정 없는 세상에서
모든 걸 잊고 영면하세
사랑하는 친구여.

떠남

내 너를 두고 가야했던 비정한 마음
평화로운 날이 없었다
귓전에 맴도는 울음 섞인 네 목소리
돌아서지 못하고 가야했던 비굴함이여
무엇이 기억에 남을까

너의 어린 시절의 무료함이여
너를 짓밟고 거짓과 위선으로
이미 되돌릴 수 없는 길로 접어들어
한생을 마무리하겠지

이제라도 이해하렴
그리고 용서 마라
떠남은 결국 모두를 아파하게 하였고
용서받을 수 없는
자신은 더욱더 아파하며
하루를 힘겹게 살고 있구나.

로맨스그레이*

젊음을 화려하게 끝내고 자신을
되돌아볼 때 만족과
후회 없는 삶을 살아왔음을 자부하고
황혼엔 초라하지 않은 로맨스그레이로
멋진 생을 영위하며 살리라

노을 진 하늘과 별을 보고
지나간 생을 기뻐하며
한 권의 시집이라도 쓸 수 있는 여유와
근사한 할아버지로
추억을 심어주고
생이 다하는 날
진정 어린 존경으로
기억에 남을 수 있도록
하리라.

*로맨스그래이: 매력 있는 초로의 신사

마음이 가는 대로

달구지를 타고 느릿느릿 고삐를 놓고
소가 이끄는 대로 강물 따라가는 몸
낮달을 달구지에 싣고 함께 떠난다

버드나무 늘어진 가지에 순풍이 불어
물고기 깜짝 놀라 바위틈에 모습 감추고
높은 하늘 구름 한 점 없다

무상무념의 허허로운
마음 달구지에 내려놓고
보이는 것마다
마음자리가 하나로세
티끌도 자연이라 정겹다

노을은 낮달을 밀어내고
하루의 찌꺼기를 태우고
내일의 여유를 약속하고
어둠 속으로 고삐를 당긴다.

만월

새벽
문득 문밖을 나서니 살짝 내린
비는 땅속으로 스며들고
만월에 취해 거니는 발걸음은
폐부로 들어오는
신새벽 맑은 공기와 함께 사뿐하다

흘러내리는 달빛이 사위를 밝혀
정적 속으로 보이는 낯익은 풍경들
살며시 시간이 멈추고
모든 사물들이
달빛 속으로 빨려 들어가는 것 같다

가끔 멀리서 들리는 소리는 정적을 깨고
잠들어있는 풀숲에 사각거리는
작은 풀벌레 소리와 거미줄의 가는 떨림은
고요함 속에 살며시 달빛을 흔든다.

바다

한때는 거침없는 몸짓으로
대양을 누볐을 네가

비릿한 바다 냄새를 풍기며
내 밥상에 누워있다

먼 옛날 어쩌면 내가 너의 밥상에 누워
거친 파도를 그리워하며 아파하고 있었을까.

바다는 말없이 말한다

하늘빛을 받아 볼수록 아름다운 바다
그가 품고 있는 수많은 생명들
잠시 기대어 살면서도 영원할 것같이
마음 놓고 살고 있다 흘러간 수 없는
지난 세월 청정한 바람은 바다로 하여금
시를 읊조리게 하고 파도는 모두를 춤추게 한다

자연을 훼손하면
바다는 무서운 얼굴로
하늘빛을 바꾸어 버리고 큰 재앙을 부를 것이다

아직도 자연을 괴롭히는 우리는
신을 찾기 전에
자연을 사랑하고
자신을 사랑한다면 진정한
풍요로움이 펼쳐지지 않을까.

바람꽃

바람꽃이 피는 걸 보니 이제
여름이 시작되나 봅니다
혹시 폭풍우 치는 날
밤바다에 밤새
서있어 보았나요
죽음보다 아픈 가슴으로 말이에요

여행을 떠날까 합니다
꼭 가고 싶은 곳 아직도
가보지 못했군요
바람꽃이 피는 날 우연히 만났습니다
지금은 제 가슴속에만 남아 있어요
바람꽃이 지는 날
그이도 지고 말았어요
마지막으로 말했어요
여기 다시는 오지 말라고

그 여름 웬 비가 그렇게도 많이 오는지
이제는 가야할 것 같군요
더 늦기 전에 마지막 약속을 지키기 위해
가야만 합니다
앞으론 영원히 가지 않아도 되잖아요.

바람이 되어

조용히 떠돌다 사라지는 한 점 바람같이
미련 없이 가장 가벼운 마음으로
인연에 얽매이지 않고 자유롭게

이 순간을
노래하며 살고파라
번잡한 세상 속에 자신을 잃어버린 체

알 수 없는
불안 속에 빠져드는
자신을 찾아 헤매는 것보다
미련을 놓아버리고 사는 것도
재미가 아니겠는가.

반딧불이

불빛 하나 없는 한여름 밤 반뜻반뜻
반딧불이가 날아다니고
그 불빛 속에 희망이 있었고 성장도 있었네

한참을 쫓다 오목한 손에서
새어 나오는
빛이 신기해 이리저리 들여다보곤 했지
달빛도 별빛도 되기도 했네

시골의 짙은 어둠도
흔히 볼 수 없어
한때의 기억이
이리도 오래 남는 것인지
한여름 밤 개구리 울음소리와 함께하던
그 시절 만나기 위해
깊고도 깊은
어둠 속으로 들어가 본다.

밤낚시

어둠이 내린 갯바위 하늘은 총총한
별 무리들
파도 소리와 바위의 촉감이 좋다
저 멀리
붉은색 찌는
너울 따라 움직이고 갑자기
쑥 들어가는 찌
낚싯대를 잡아챈다

묵직한 것이 대물이다
한참을 씨름하다 보니
뭔가 허전하다
놓쳤다
아쉽지만 손맛은 실컷 즐겼다

그 자리에 드러누워 하늘을 본다
별들이 갑자기 우두두 떨어진다
깜빡 잠이 들었나 보다
밤하늘의 별들은
언제 보아도
비밀을 담고 있다.

백합꽃

사랑채에 드러누워 오래된
화단에 계절마다 피우는
백합 한 송이 선잠이 든 고요 속에
여태껏 맡아본 적 없는
향기로운
냄새로 마음속 깊은 곳에 묻어둔
그녀가 되어 내 품에 살며시 안긴다

그때 한 마리의 벌이 날아와
꽃술 속으로 빨려든다
순간
퍼뜩
정신이 든다.

벗집*

한여름 드넓은 염전
물레를 돌리듯
수차를 딛고선 다리의
쉼 없는 움직임
생명줄 같은
금맥을 퍼 올리는
염부의 온몸은
굵은 땀방울 이다
벗집에 벗을 걸고 잘 구워진

부서지는 파도의 포말 같은
흰색의 땀의 결정체 천일염
마음속 꿈을 영글게 하기 위해
소금 같은 땀방울을 흘리는
염부의 얼굴에 내리쬐는
강렬한 햇살은 벙긋한 웃음으로
내년에도
풍성한 약속을 말없이 보낸다.

*벗집: 소금을 굽는 집
*벗: 소금을 굽는 커다란 솥

별빛

노을은 지고 가야 할
길은 멀고 험하기도 하지만
화려한 별빛을 이정표 삼아 갈 수도 없기에
무기력한 당신도 찾아올 수 없는 현실이기에

차라리 밤새
하늘의 축제에 빠져
누군가가 나의
빈자리 채워줄지
설레는 마음으로
오늘도
새벽을 채운다.

보름달

보름달이 하늘을 채우고
깊은 적막 속에 갇혀 허연
이빨을 드러내고 울부짖는
들개의 깊고 깊은
외로움의 원천을 알까

아니면
나의 가슴에 채워지지 않는
존재감이 무기력하여
울부짖는 들개와
다름이 아니지 아닐까
삼라만상의 이치를 깨우치지 못해
달을 보지 않고 손가락 끝을
보는 것이리라

달빛이 창호지를 밝힐 때
적막 속에서
쉬 잠 못 이룰 것 같다.

봄날

봄날이 꽃들을 싣고 달린다
눈꽃은 흩어지고
나무들은
힘겹게 채색한다

아리따운 얼굴과
성숙한 몸매는
겨우내 기도하듯
기다림으로 꽃봉오리가 되어
봄날 누님을 태우고
산 너머
사람 좋은 마을로 간다.

봄비

꽃이 봄비인지
봄비가 꽃인지
바람 부는 날 창밖 풍경에
여기 앉아 상념에 빠진다

저 가지에 봄비 맞고
한 마리 새가 날개를 접고 앉아있다
언제 하늘을 향해 솟구칠지 알 수 없지만
추억과 번민은 살아가면서
더욱 깊어질 것 같다.

붓꽃

여름의 숲에 함초롬히
새벽이슬을 머금은
붓꽃이 초록의 화선지에 한 폭의 그림을
그린 듯 곱고 아름답다
범상치 않은 보라의 색상이 좌중을 압도하여
고상한 선비의 기품 같아 붓꽃이라 하는가

오히려 쓸쓸하고 외로워
여름밤을 하얗게 세고 있는가

오! 더 이상 쓸 수 없다면 붓꽃을 꺾어라
칼날 같은 줄기로 과감히 잘라라
나의 감성이여
여름밤의 속절없는 추상이여.

비 오는 날

가을비 오는 날
항상 내 곁에
있어야 한다고 생각했을 때
그렇게도
아팠습니다

탁자의 비 오는 호수에 항상 웃는
아련한 얼굴이
저 하늘에서도 웃고 있겠죠
표주박 떠도는
호수 물을
단숨에 들이켰습니다.

제 3 부

사랑을 묻다

사랑

사랑은
동등이며 가슴속 행복의
속삭임이며 떠나보냄의
연습이요 다시 만날 기대에 대한
설렘이다

사랑하는 마음은
천지를 얻었고
심연의 파문에 전율을 일으키고
또한 까닭 없는
희열과 눈물의 근원이며
가벼운 위선이며 거짓이다

생의 가장 소중한
하늘의 선물이며 그 이상은 없다
어느 순간 다가올지 모르는
봄날을 담담하게 그려본다
사랑은 위대한 것이기에…….

사랑과 죽음

과거에도 존재하였고 미래에도 있을
알면서도 모르는 일들은 무수히 존재한다
사랑과 죽음은 유독 더 알 수 없는 미로다
불쑥 찾아오는 사랑과 죽음은 당혹스럽다
예고 없이 찾아오기에 준비가 없다
행복도 슬픔도 얼마큼 주어지는지 알 수 없다
완벽한 행복은 보장받기 쉽지 않듯이
과분함은 때론 초조하기도 하다
거울을 가만히 들여다보자 어떤 땐 전혀
낯선 얼굴이 보인다
과거의 얼굴이리라
사랑과 죽음은 어쩌면
같은 선상에서 시작되고 끝나리라
이 둘이 있기에 삶이 존재하는 것은 아닌지
과거도 현재도 미래도 하나인 것이기에
죽음은 잠시 떠나 있다 되돌아오는 것이리라
사랑은 기억으로 남기기 위한 성스러운 의식이다
행복은 성스러운 의식의 하객이다
예외일 수 없는
사랑과 죽음은 똑같이
우리에게 주어진 알 수 없는 숙명이 아닐는지.

사랑보다 절망이

세상 살면서 어디
외롭고 힘들지 않은 사람이 있겠습니까
힘들게 산 사람은 관대합니다

세상에는 수많은 사랑이 존재하지만
사랑보다는 절망의 열병을 앓고 있는
사람이 많습니다
아시지요
사랑은 절망을 치유합니다

진실한 대화는 상대의 아픈 마음을
열어줍니다
자연스레 사랑도 자랍니다
그러한
사랑이 내게 있다면
행복하겠습니다.

사랑은 어디에서

어디에 숨어있다 나타나
꿈과 행복을
풍성하게 안겨주었다가
무엇이 모자라 눈물까지 챙겨주는지

우리가 살아가면서
늘 행복하지만은 않지만 그래도
아픔은
어쩌란 말인가
돌다리 건너듯 위태한 사랑에 빠져
허우적거리는지 알 수가 없다.

사랑을 묻다

너는 묻는다
얼마나 사랑하느냐고 때로
내가 남몰래 흘리는 눈물의 의미를
알 수 있느냐고

사랑은 무게도 넓이도 양도 아니란다
값싼 비교가 아니니까
사랑한다는 말은 자주 듣고 싶다고
어느 누구에게도 사랑은 진실이고
거짓이 없다고

마음속 숨겨둔 사랑은 상자 속 보석과 같다고
참사랑은 세상 밖으로 나와 햇살에 빛나는
영롱한 구슬 소리 같은 대화라고 하네.

사랑은 장미 가시 사이로 보이는 이슬 머금은 꽃입니다

처음은 몰랐지요
남김없이 앗아가기 전 가시에 찔려
눈 쌓인 들판에 떨어지는 핏방울 같은 것임을
쉽게 다가오는 백마의 울음소리가 아닙니다
가시는 마법입니다

한 송이를 꺾는다고 사랑은 아닙니다
물론 불가능은 없습니다
산다는 것이 무엇인지 모르듯
풀지 못하는 수수께끼 중의 하나입니다
그러나 우리는 불행한 사랑이든 행복한 사랑이든
하나는 가져야합니다 어쩔 수 없이 다가옵니다

눈물이 존재하는 것은
불행한 사랑을 씻어내기 위한 신의 선물일까요
눈물은 어떠한 결과물인 것 같습니다
눈은 소리 없이 쌓입니다
그리고 소리 없이 녹습니다
어느 날 인연이 눈처럼 소리 없이 다가와 최고의 기쁨을 준다면
한없이 받으세요
후회 없이 주세요

간신히 잡고 있는 시간이 손가락 사이로 빠져나가기 전에
열정이 있는 젊음이 있을 때
사랑합시다
때론 가시에 찔려 아파하거나 고독할 수도 있겠지요
하지만 사랑은 다시 찾아옵니다
사랑은 평등입니다
이 세상 모든 것이 대상입니다.

산, 위대한 유산

산길 따라 가다보면 점점 힘들다
지나온 길은 차츰차츰 지워지고
머릿속 찌꺼기도 하나씩 날려 보낸다
정상의 맑은 공기는 폐부 깊숙이 스며든다

눈 아래 펼쳐진 풍경은 잘 꾸며진 정원이다
손에 잡힐 듯 하지만 정작 빈손이다
산은 욕심도 없다 아무것도 가진 게 없다
도심에서 조금만 벗어나도 거기 있다

배신도 아픔도 이별도 없다
날 때부터 보아온 산이다
어머니의 품속같이 살아왔다
위대한 유산이다.

산다는 것

인간 내면의 저 깊숙한 곳에 자리하는
비루하고 나약함에 욕심과 권력으로
보상받기 위해 부단히 노력한다
그것이 삶의 전부라 생각하는 것이다

주어진 운명에 따라 산다는 것은
행복과 웃음과 때론 슬픔이다
시간의 흐름에 무거운 짐을 내리고
가끔 정상에서 바라보는
아름다운
자연과의
일체감은 무엇과도 견줄 수 없다

잠시 머물다 가는 바람처럼
흔적 없이 사라지는 것
욕망과 혼돈 거역할 수 없는
가끔 주어지는
행복과 다양한 사랑
알 수 없는 것이 더 많은 운명
결국은 고독과 지독한 외로움으로
바람처럼 떠나는 것.

삶의 여정

토해 내어야 하리 속에서 터지기 전에
칭칭 휘감고도 남은 넌출진* 우울도 잘라야 하리
가슴속 굴러다니는 돌멩이도 차곡차곡 쌓아둔 어둠도
촛불을 밝혀 낱낱이 꺼내어 보라

묻어두고 살아온 세월은 실버들 아래 흐르는 냇물에
거슬러 오르는 연어마냥
마지막 몸짓에 미련 없이 던져버려라
묻지도 말아라
그냥 흐르는 물같이 살아가다 보면 가다보면
그것도 추억이라고 곱씹어 보면 곱씹어 보면

아! 이리도 무상하고 허허로울 줄 누가 알랴
하물며 눈부신 꽃도 순간이거늘
지는 꽃은 추해지거늘 어쩌면 산다는 것 자체가
비루하고 속절없는 여정이 아닌지

*넌출지다: 식물의 덩굴 따위가 길게 치렁치렁 늘어지다.

생명의 들판

점점이 쌓인 잔설이 사라진
가파른 들판에 솟아나는
연초록 야생초
부드러운 봄바람과 바닷바람 부는 언덕에
산들산들 꽃은 꽃대로 약초는 약초대로
살며시 얼굴을 내민다

저 멀리 푸른바다는 끝이 없고
점점이 모양이 다른
섬들은 넋을 빼놓는다

여기 생명이 자라는 곳에 머물고 쉽다
다음 생은 여기에 들풀이 되어 산다면
아마도 많은
전설이 바닷바람을 타고와 즐거움을
줄 것 같다.

생의 철길

철길의 두 레일은 만날 수 없습니다
그러나 두 갈래 길은 가끔 만나 포옹합니다
언제나 서로를 볼 수 있기에 다정한 연인의 길이고
바닥에 깔린 돌들은
그들이 남긴 사랑 이야기들입니다
어느 쪽으로도 기울지 않는 철길
우리의 삶도 서로를 기대고 늙어간다면
쓸쓸한 황혼에
외로움은 저 멀리 사라지겠지요.

세월

생은
망각이 있어 견딜 수 있고
역사가 있어 현재가 주어지며
미래의 설계도가 그려진다

무의미한 과거는 삭막하지만
기록된 역사는 위대하다
미래를 창조하며 철학이 생기고
가치관이 성립되어 서로를 아우른다
비로소 신이 태어나 삶을 인도하며
풍부한 상상력과 감성이 형성된다

세월은 역사에 남는 인물들이
만들어낸 사상과 철학을 토대로
삶과 죽음에 대한 고찰로 더욱더
성숙한 인간집단이 나타나겠지.

세월은 바람 따라

어느 날 문득 거울을 본다
얼굴에 묻어나는 삶의 흔적이 무겁다
바람이 데려간 세월은 말이 없고

천지가 꽃이다 이슬방울 떨어지듯
내 눈에는 소리 없는 눈물이 흐른다

꽃들이 너무도 아름다워서일까
놓쳐버린 세월이 서러워서일까
너무도 간절하여 집착에 빠져
아까운 시간을 놓쳐
버려 봄 없는 세월을 보내서일까

바람아 바람아 어디에 있니
이제는 세월을 놓아 자유롭게
해주려무나.

슬픈 포장마차

그해 겨울
날개 잃은 한 사람이
어둠의 상처를 숨긴 채
안개가 쌓이는 새벽
목이 쇠도록 절규한다

다시는 믿음 따위를 말하지 말자 한다
그대가 나를 부르면 슬픔이 밀려온단다

기억의 저편을 꽁꽁 묶어
영원히 찾을 수 없는 파도치는 바다에 던져
모든 것이 지워지는 날
눈 쌓인 포장마차
짜릿한 소주 한 잔
새벽 바다
파도치는 포말은
잔속에서 울고 있다.

제 4 부

아름답다는 말

아름답다는 말

빛의 상처가 아름다움이 아닐까 누군가 얘기했다
행복도 아름다움도 상처가 있기에
세상은 아름다운 것이다
저 이글거리는 태양을 보라
바다는 두려움 없이 수평선을 열고
노을은 내일을 위해 잠시 태양의 그림자가 된다

화가는 불타는 태양이 없다면 실체가 없다
시인은 달이 없다면 존재하지 않는다

소설가는 태양과 달과 별들의 대화를 모른다면 재미가 없다
우리는 내일도 태양이 어김없이 떠오를 것이라 믿고 있다
아름답다는 말이
희망과 사랑과 꿈이 존재하게 하는 것이 왜일까
한 번쯤 생각해 보았는가
우리 모두
아름다운 지구에 발붙이고 있기 때문이다.

아픔

사람은 병 없이 살라 하지 않았다
오만함과 욕심을 내려놓고
진실하게
사람다운 대화가 되는 병실
간병의 고통과 힘겨움 속에서
같이 살아가는 사람들
그들은 슬프게 한다

견딜 만큼 고통을 준다고 했지만
이제는 그만
끝이 보이지 않는
힘겨움은 싫다
아무리 세상이 고르지 않지만
숨 쉴 틈은 조금 남겨 주었으면
살아가련만…….

약속된 계절

그 계절은 어김없이 돌아왔다
산속의 온갖 새들은 숨어들고
쉼 없이 내리는 눈은 싸늘히
그녀와의 약속을 지워버렸다

말없이 발길을 돌려야 했다
마지막 계절 눈 쌓인 아침
함께 거닐던 그 길을 따라가 본다
길 위의 이야기가 발자국이 되어
점점이 남아있네

살며시 포개보는 내 발자국
그녀의 체온이 느껴지는 것 같다
저기 저 멀리 한 여인이 눈꽃이 핀 소나무에 아래
서있는 모습이 내 눈에 들어온다.

어느 노부부의 사랑

할멈이 병원에 뇌졸중으로 입원해 계십니다
하루가 멀다 하고 찾아오셔서 휠체어에 태우시고
할아버지는 귀에다 무슨 말씀을 하시는지

소곤소곤
저무는 하늘의
노을도 아름답지만 이보다 예쁠까요

마음의 상처는 그분들보다
감당하기 힘든 분들이 많다는 것입니다
병원에 홀로 계시는 분들은 버림받고
찾아오는 이 없어도 내색은 하지 않지요
몸은 부자유롭지만 정신만은 맑아
주위 분들과 친구삼아 행복했던 과거를
이야기 삼아 하루하루를 보냅니다

갑자기
소슬한 바람이
어깨를 스치고 지나갑니다.

어느 봄날

꽃과 바람의 봄날
여유 있는 마음으로 모처럼
하늘을 쳐다본다

종달새가 보리밭을 한 바퀴 돌고
하늘로 날아오른다

자연 그대로
욕심 없이 살라 한다
그것이 한세상 살아가는 방법이요
행복이라 한다.

어떤 생각으로 사니

백화점을 나서는 순간 한 번도
씻지 않은 신발과 남루한 옷으로
백화점 속으로 어기적어기적 들어가는 놈
순간 전동휠체어에 의지하는 내가
화가 치민다

추운 날 집에 있든지 아님 씻고 다니든지
젊은 놈이 정신은 말짱한 것이
어찌해야 하나 하루 종일 날 괴롭힌다
너 그렇게 살아야겠니?
미안해…….

오솔길

앞서 간 이의 발자국 따라가다
문득 떠오르는 그리움에
잠시 가던 길을 멈춘다

지나간 세월이 눈앞에 펼쳐진다
내게서 상처받은 멍든 영혼이 있다면
지금쯤 누군가가 따뜻하게 보듬어 주겠지
호젓한 길가에 잠시앉아 삶의 무상을 느끼며
좋은 시절을 떠올려 본다

아련한 그 날이
그리움으로 남아
오늘도 홀로 오솔길을 걷는다.

외로운 꽃

달빛 머금고 피운 꽃
내일의 절박함을 위해
오늘만 미소 짓게 하자

망망대해 바람결에 고운 꽃
달려와 안기는 추억의 기쁨을
위해 오늘만 미소 짓게 하자

별빛 뒤로하고 피어난 가녀린 꽃
내일을 위한
사랑과 희망의
전주곡이 되게 하자.

욕망

지금 벗어날 수 없어도
언젠가
작은 호숫가에 집을 짓고

밤마다
저 멀리서 내려오는
별빛과 달빛을 친구 삼아
대화하며 살고픈 욕망을 이루어보자

장애를 벗어날 수 있다면
내 작은 희망은 가능하리라
그리고 천천히 천천히
이루어지리라
아! 이제사 꿈이 보인다.

유년의 그리움

햇살이 창호지 문을 밝히며 얼굴을 쓰다듬는다
살포시 눈뜨며 기지개를 켠다
참으로 행복하다 아무 걱정 없는
누구에게나 귀염 받는 아이로 자랐다

추수 끝난 후 곡간은 가득하고
원하는 것은 이루어 졌다
칠남매를 잘 키우셨다
어미니는 쉴 틈이 없었다
결국 나는 불효자가 되었다

부모님의 기대를 저버리고 실망만 안겨드린 것 같다
생각 하면 환한 웃음한번도 자랑스러운 아이도 못되었다
자식에 대한 어떤 기대를 하겠는가.

유년의 소리

토란잎에 맺힌
이슬방울이 구르는 소리는
어떤 음으로 귓전을 스칠지
하늘의 소리 없는 소리로
가슴으로 들려주는
맑은 눈물 한 방울 소리인지

가만히 들여다보니
마음의 창으로 다가와
세상에 나서 처음으로 들었던
아스라한 기억의
가장 아름다웠던
아! 아직도 남아있는 여운
토란잎의 이슬방울을 한참이나 들여다보며
쭈그려 앉아 들었던 내 유년의
맑은 눈동자가 구르는 소리였다 .

이별

헤어짐은 오랜 아픔을 준다
평소에 보아온 아름다운 사물도
아무 의미가 없는 것
길가에 떨어진
돌 하나에도 아픔의 눈길이 가는 것

언젠간 다시 만날 것 같은
슬픈 착각에 빠져 사는 것
오랜 아픔 끝에 성숙해지는 것
어떤 이별도 그러하다 세상은
이별 없이 살 수 없는 것
그것이 더슬프다.

이유

만남과 헤어짐 모든 것에는 이유가 있다
그 이유를 알수가없다
이유는 설득이고 결과다
이유 없이 우주가 존재하지 않을 것이다
우리는 처음 보는 것에 대해 두려움을 느낀다

축척된 결과에 따라 자연이 아름답고
여성의 미와 남성의 근육질에 탄성 하는 것이다
관찰자가 어떠한 이유로 우리를 생겨나게
했을까 그것 또한 이유가 있으리라
알 수가 없다
그것이 세상사인 것이며
우리 사는 아름다움인 것임을…….

인연

세상은 시초부터 인연으로
시작되었음이리라
즐거울 때나 어려울 때 만나는 인연
운명 같이 만나는 필연과 악연도
흐르는 강물이 바다와의 만남같이

필연도 있기에
슬프고도 아름다운지
무수한 사람과 지상에 존재하는
모두 다 인연 따라 흐르기에
흐트러진 실타래 같은 것
풀다 지치면 그만인 것을
그것도 인연으로 남겨두면 어떨지.

일몰

천년만년 변함없이
네 몸을 태우며
영원의 시간을
뜨거운 가슴으로
생명을 키우며
누굴 위해서
찬란한 아름다움을 남기는가?

어둠을 남기고 사라져
내일의
희망을 위해
또다시 솟아오르겠지
누군가를 위해
말없이…….

일상 속으로

도심의 불꽃들은 시위한다
하루를 끝내고
새로이 하루를 시작하며 네온 불 깜빡이는 속으로
하루의 긴장이 흐느적거리며 녹아들고
수많은 사연들은 소주잔에 부딪치고
욕망은 깨어나고
가슴속 열정은 혼탁한 공기 속에 흩어지고
일탈의 시간은 잠시 다시금 변함없이
반복되는 일상의 속으로 들어간다

우리의 삶은 결국 잘 짜여진
끊을 수 없는 시간의 흐름에 순응하며
살아가야 하는 것임을…….

제 5 부

혼자 서있는 나무

자연의 품속

자연을 억압하거나 함부로 대하지 마라
억압이고 폭력이다
편리와 안락 위해
인위적인 변형과 억지는
말 없는 경고를 보낸다

광대하며 신비롭고 아름다운 자연은
우리에게 시간과 공간과 누림을
잠시 허락한 것일 뿐
전유물로 내준 것은 아니다
우리들은 생이 짧고 자연의 품속에서
영원히 머무는 것이 아님을
잠시 망각한 것은 아닌지…….

잠시

시원한 바람에 솔향기는
머릿속 찌꺼기를 내려놓는다

저 멀리 수평선을 지우며 지나는
한 척의 화물선
목적지를 향해 천천히 나아간다

며칠이 걸릴지 몇 달이 지날지
알 수 없지만
때론
돌고래와 갈매기를 벗 삼아
지루한 항해를 잠시 잊겠지
몸을 싣고 대해를 보며
나를 잊어버리고 싶은 하루다.

적막

작은 움직임도 없는 적막
속눈을 반쯤 감고
삼매에 들 듯 마음을 비우고
가부좌를 튼다

무념에 들수록
혼탁해지는 머릿속
지울 수 없는 한 생각
흘러가는 가을바람에

저 멀리 웅크린 산은 이미
하오의 햇빛에 반쯤 졸며
방안을 기웃거리고
저 앞 소나무에 걸려 그림자를 만든다.

잠자는 나무

가을이 오면 나무는 잠들 준비를 한다
나무는 날 슬프게 한다
흙에 뿌리를 내리고 언제나 그 자리에서
모든 걸 내어주고 모진 비바람도 고스란히 받아들인다
겨울이 오기 전 편안히 잠들 수 있도록
모든 걸 털어내고 긴 겨울을 잠든다

가끔 찾아오는 새들도 잠을 깰까 조심한다
목화솜 같은 눈송이는 포근한 이불이 된다
차별 없는 사랑으로 우리를 건강하게 하는
잠자는 나무 같은 사랑은 어디서 찾아볼까.

절망이 찾아올 때

얼마만큼 힘겨워 비명을 질러야 속이 후련할까
얼마만큼 피곤에 지치고 아파해야 무력감에서 벗어날까
세상은 혼자 살아가는 것이 아니다
바람결에 흩어지는 지푸라기마냥
의미 없는 것이 눈에 보이는 것이 다가 아니다
마음에 일어나는 분별은 무엇인지
날 때 거꾸로 들려 울음을 터뜨린다

세상은 그러하기에 결코 혼자가 될 수 없다
이빨을 꽉 물면 누군가가
손을 내민다
그렇게 살자
절망은 결국
지푸라기에 불과하다.

종달새

바람이 살짝 지나갈 때
보리밭을 한 바퀴 돌며
종달새
파란 하늘로 날아오른다

종달새 짝은 어디 가고
보리밭에 앉아 다정히 속삭이는
두 연인을 희롱하느냐
짬짬이 시골로 내려와
미래를 약속하며 몰래 만나는
두 사람의 가슴은 이미
하늘 높이 떠있는 구름도
하늘 높이 나는 종다리도 부럽지 않네.

지금, 놓아주리

저 하늘 붉은 노을 저리도 아름답지만
가슴 아린 지난 세월 기도하듯 살아왔다
차디찬 절망 속에서도 뜨거운 열망 속에서도
눈물 감추고 그대 모습 그리며 참아 살았다

놓아주리, 그대 환영幻影을
아! 살아갈 남은 날이여
비탄에 빠져 또
살아온 날만큼
기도하듯 살아야하리
지금 놓아주리
나의
핏빛 하늘이여
감추어진 진실이여.

지워지지 않는 것

사랑은
영원하고
존재하는 모든 것은 거의 변하지만

호수에 비치는
달과 별은
영원히 지우지 못한다

널 잊는 것이
그러하듯이.

지평선

저물어오는
들판
어디서 들려오는
먼 데 소리는
언제나 쓸쓸하다

빈 가슴 흔들고 간
천년만년
지워지지 않는
이름 모를
울음소리
마음의 지평선을 긋는다.

진실

지난 삶의 모든 사실을
바람에 실려 날려 보낸다

살아온 만큼 더욱더 뚜렷해지는
감추어둔 속마음

이것마저 잃기 전에
용서를 구하자

자신을 속이고
진실마저 감추어 버리면서까지
그것이 사랑인 줄도 몰랐다
용서가 될까.

철없던 시절

눈뜨면 언제나
내 곁에 지금
내 안에 숨 쉬고 있다

꽃송이마다 행복한 웃음이다
시절이 흐르고 쌓여 익어가는
그대 향기
착하기는
눈망울 큰 송아지다

슬퍼 마라
나이 들수록 깊어가는
소중한 기억
그리운 그대
내 안에 있으니 언젠가
만날 생각하니
넉넉하기도 하고
두렵기도 하다.

친구에게

우리도 벌써 많은 시간을 소리 없이 보냈네
철없던 시절에 만나 중년이 되고 보니
주위의 사물들이 예사로 보이지 않네
그래도 자네들은 열심히 잘살고 있네
자식농사만 잘 지으면 걱정이 없을 거야

너무 욕심은 말게 한창 때 병원신세 지는
이들이 과로로 인해서 주로 많이 온다네
나 또한 너무도 많은 시간을 병원에서 보내다보니
허무하기 짝이 없네
친구 아직 많은 시간이 있네
변치 않는 우정으로
건강하게 즐겁게 잘살아보세.

친구의 부인

어려우면서도 부담 없는 여인
뜻이 맞는 친구같이 한발 다가서
대화해도 될 것 같지만
괜히 미안한 마음이 생기는 사람

바람이 불어도
연인은 아니지만 가끔 스쳐 지나는
가을바람에
아픈 가슴 털어놓고 이야기하고
기쁜 일로 같이 웃어주는
영원히 추억되는 친구의 부인

하나의 비밀을 공유한 여인이 되고
변함없이 친구의 투정을 잘 받아주고
사랑해 주는 사랑방 주인이 되시길.

풍란風蘭

남도의 작은 섬에서 온몸으로 해풍을 맞으며
가파른 절벽의 바위 곁에 붙어
뿌리조차 땅속으로 숨길 수 없는 처지에도
하이얀 꽃을 피워 올리며

아무도 넘볼 수 없는 자태로
달콤한 꿈을 위해
대양을 향하여 훨훨 날아오른다

공기 속에서 자양분을 얻어 자라는
참으로 이슬같이 투명한
본래의 마음을 지니고 있는 단아한 순백의 꽃이다
광활한 공간을 떠나 소담한 모습으로 지금
내 곁에서 어릴 적부터 벗이 되어주는
난수蘭秀는 아침마다
서로를 문안하며 하루의 문을 연다

한여름 밤의 그윽한 향은 정갈한 마음과 함께
유독 친근감이 드는
잘 자라 주는 그윽한 난이다.

할머니와 꽃

그 꽃 참 곱다
한참을 바라보고 있다

갑자기 고갤 들고
야야 밥 먹자

방금 먹었노라
며느리 애기한다

지고 피는 꽃은 언제나
그대로인데

곱디고운 아씨는
어디서 찾을까.

해풍

내 영혼이 바닷바람에 실려
지구를 한 바퀴 돈다

점점이 떠있는 많고 많은
섬들만큼
수많은
그들의 사연들은
너나없이 눈물의 파도를 만들고

너나 없는 웃음은
잔잔한
파도로 시를 쓴다.

향기

내 몸과 마음을 스치고 지나는
말 없는 봄은 어디에 숨어있는가
얼음 얇은 계곡 아래
흐르는 물소리에
숨었나보다

버들강아지 기지개 켜고
어디서 부는
맑은 바람 속에 겨울을 이긴
푸르름 온갖 새싹의 신선함
꽃향기가 작은
행복의 여운을 남긴다.

혼자 서 있는 나무

지나간 둥근 시간의 어느 날
누군가가 심어놓은 한 그루의 나무
새들도 쉬어가고 때로는
구름도 쉬어가고
우리의 쉼터도 된다

함께하는 웃음의 기운을 주기도 한다
신령스럽기도 하고 함부로 할 수 없는
나무로 대접받는
동네 어귀의 수백 년 된
당산나무다

우리네 삶을 기억하는 역사이며
고향을 찾을 때 제일먼저 반겨주는
친근한 나무다.

홀로 피는 꽃은 없다

아름다운 꽃이 시련 없이 피는 양
독선적인 아름다움을 뽐내지 않습니다
모든 꽃들은 서로를 소통하며
계절 따라 피어납니다

얼어붙은 땅과 벌레들로부터 견디며
피어나기에 더 아름답지 않을까요
꽃을 선물 받을 때
아름답게만 볼 것이 아니라
힘든 면도 보았으면 합니다

우리네 삶도 마찬가지가 아닐까요
병든 이에게도 축하받는 이에게도
꽃은 행복을 주고 희망과 웃음을 주는
없으면 안 되는 너무나 고마운
가슴을 맑게 하는 보석 같은
존재입니다.

흐르는 세월

거울 속 얼굴은
세월의 흐름이 묻어나지만
겨울의 무게를 벗어난
봄은 우리를 취하게 한다

흐르는 세월에도 사랑은
언제나 눈부시다
사랑하리라
죽도록 사랑하리라
내 다시 태어나는 날
모두를 사랑하리

그리고 사랑받으리
지금 사랑을 노래한다.

흙 내음

태곳적부터
무한한 기다림으로 노래하니
티끌도 먼지도 안아주어
마침내 영혼이 되어
꽃을 피우면 꽃향기로
아름다움이 다하는 날
다시 흙으로 돌아가
따스한 생명을 불어넣어
새로이 태어나 노래한다

우리의 조상
나의 어머니 아버지
한 줌의 흙으로 돌아가고
언젠가는
내가 돌아갈 곳
흙 내음은
세상의
어느 내음보다 향기롭다.

파도의 약속

아직 완전한 가을이 아님에
발걸음이 무겁다
저 멀리 잔잔한 바다에 점점이
자리 잡은 섬 완연한 가을을 기다리겠지

지나는 바람이 전해주는 소식에
그들만의 얘기 꺼리에 파도는 또 하나의
소식을 덧붙인다

파도를 벗 삼아 살자고
바람 부는 날 내게 말했지
지금 파도를 벗 삼아 살아가지만
봄여름 가을 겨울이 지나도록 순풍은 불지만
시간이 지날 수록 파도는 점점
말이 없어진다.

시 평

'슬픈 포장마차' 시집을 읽어보면 가슴이 뜨겁다.
아픈 기억의 저편을 묶어 던지고 운치 있는 포장마차에
소주 잔을 기우리는 마음은 많은 사색에 젖게 한다.
삶이란 목표가 있을 때 희망과 기쁨이 생기며
할 수 있다는 의지가 좋은 흔적을 남기는 것이다.
불편한 자세로 멋진 시를 쓰는 시인이야 말로
참다운 작가의 길이라 생각된다.

시인, 수필가 최경식

갑갑한 병실, 창밖의 쓸쓸한 의자에서도 빛을 찾아냅니다.
'슬픈 포장마차'에서 희망을 보는 것은
순수하고 비운 마음에서나 가능한 일입니다.
외로울 수록 우주와 교감하고(꿈), 터널 속에서도 우주에서 보내는
한 줄기 빛을 찾아 길을 만듭니다.
힘겨울수록 나를 기다리는 내일을 보고 감사한 마음으로 견디고
(나 여기서), 신의 뜻임을 믿어 삶을 사랑합니다.
시집을 내신 것을 축하합니다.

시인 이석락

김선보 시인의 시에는 슬픔이 잠재되어있다. 삶을 살면서
불현 듯 닥쳐온 시련을 극복하고, 고진감래苦盡甘來하며
단연코 일어서려는 오뚝이와 같은 인생을 단적인 모습으로
보여 주고 있다. 내일은 또 다시 내일의 해가 뜨기 때문이다.

시인, 수필가 박선옥

슬픈 포장마차

김선보 시집

초판인쇄 | 2014년 4월 12일
초판발행 | 2014년 4월 17일

지은이 | 김선보
펴낸이 | 최경식
펴낸곳 | 도서출판 청옥문학사
기획처 | 문화마을

등록번호 제10-11-05호
사무실 | 부산시 동래구 명륜로 203-6
(금강빌딩 B동 2층)
전화 | 051-517-6068
E-mail |

ISBN 978-89-97805-22-8
정가 | 10,000원

잘못 만들어진 책은 본사나 서점에서 교환됩니다.